8° L k7
2782

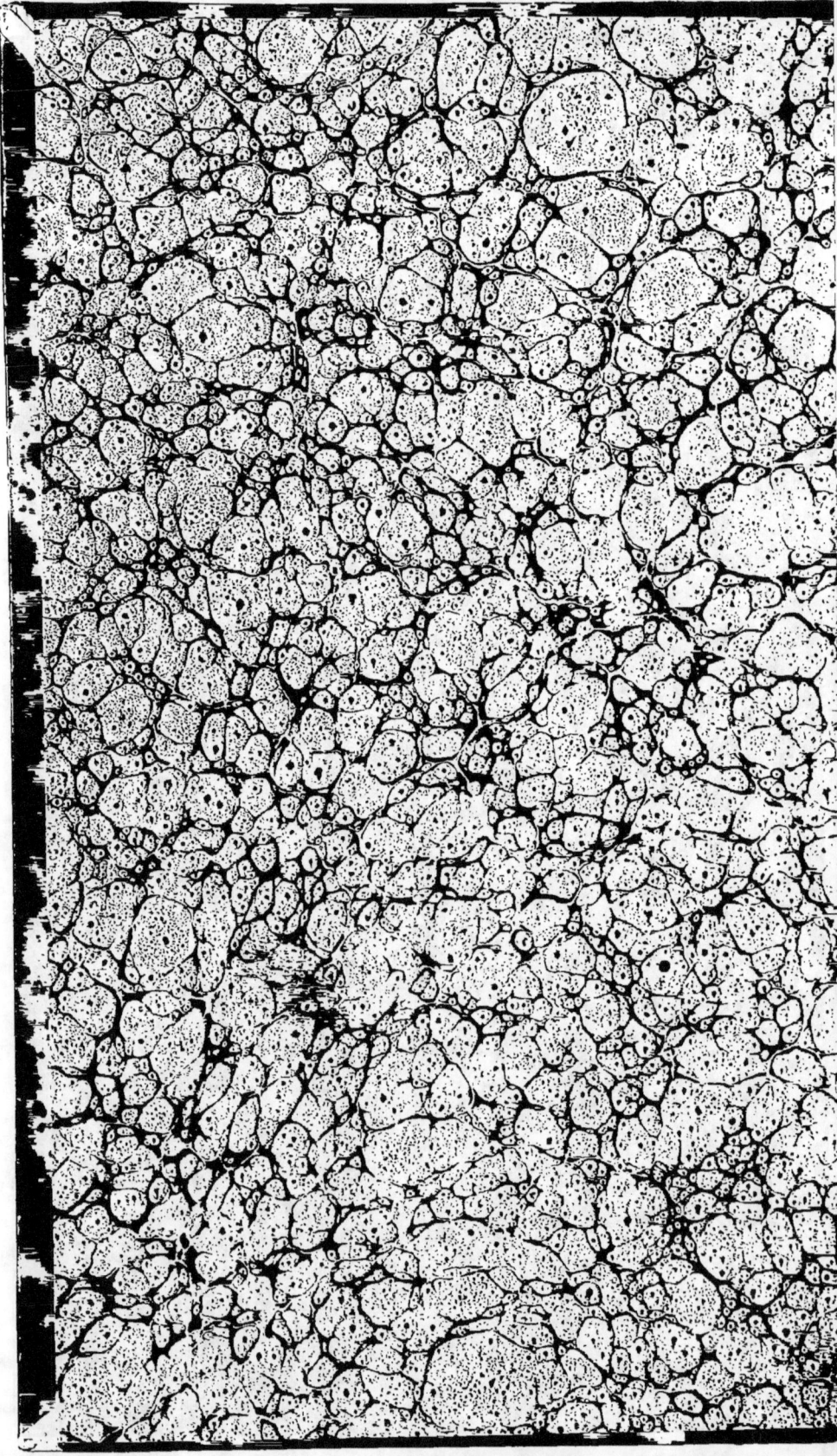

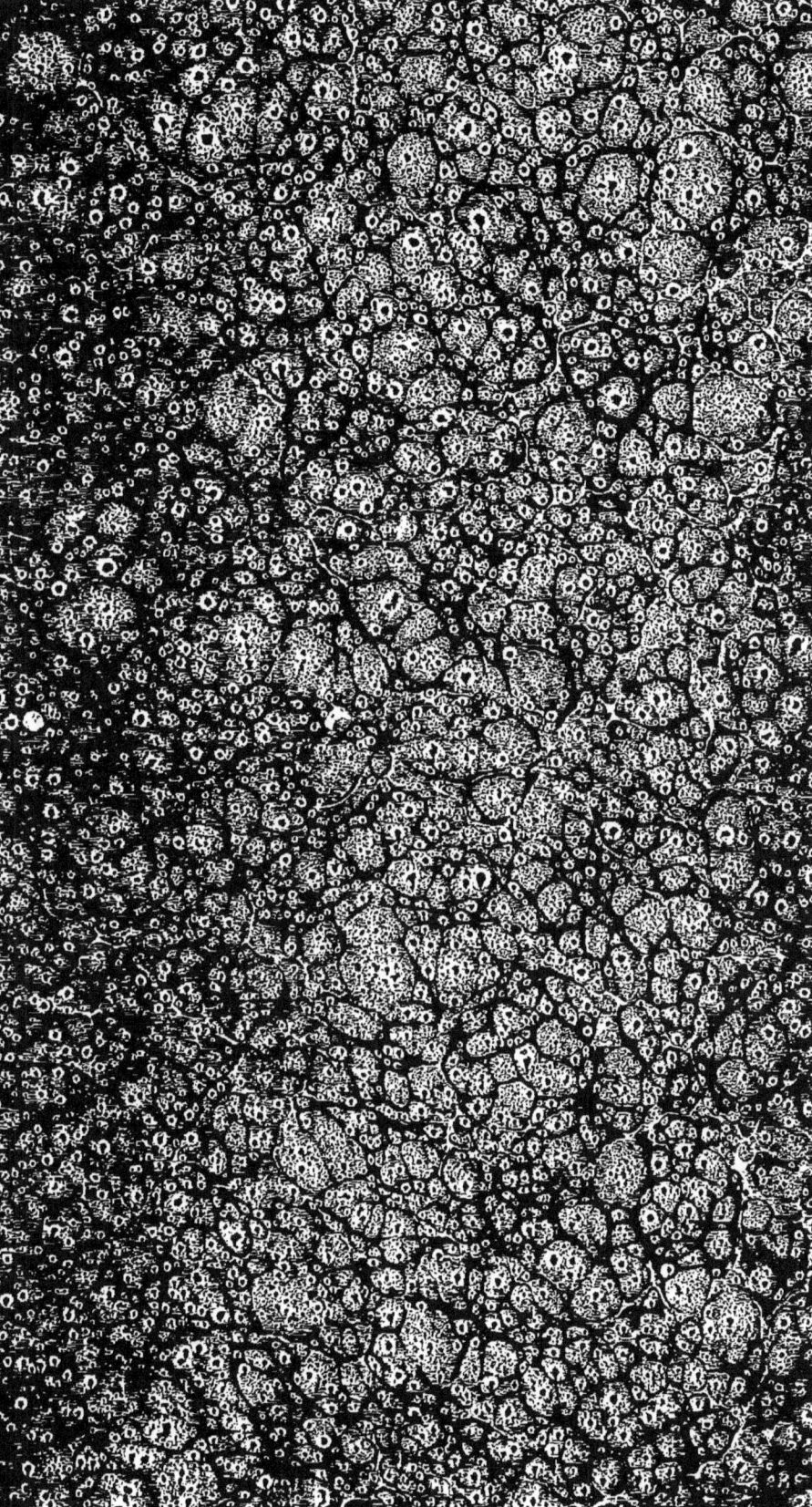

K
2782

SOUVENIRS

DE L'INAUGURATION DU MONUMENT

ÉRIGÉ

A NAPOLÉON

EN BOURGOGNE,

LE 19 SEPTEMBRE 1847.

PUBLICATIONS DE M. J. TRULLARD,

A LA LIBRAIRIE PHILOSOPHIQUE DE LADRANGE,

Quai des Augustins, 19, PARIS.

LA RELIGION DANS LES LIMITES DE LA RAISON, traduite de l'allemand, de Kant, et précédée d'une longue lettre adressée au traducteur par M. Edgar Quinet; 1 vol. in-8°.

HISTOIRE DE LA PHILOSOPHIE CHRÉTIENNE, par M. H. Ritter, traduite de l'allemand, et précédée d'une introduction sur la RELATION DE LA CROYANCE AVEC LA SCIENCE, par le traducteur; 2 vol. in-8°.

IDÉE DU PRÊTRE; brochure.

ÉTAT DU CHRISTIANISME dans une ville de Province; brochure.

DIJON, IMPR. DE FRANTIN.

LA RÉSURRECTION

DE

NAPOLÉON,

STATUE ÉRIGÉE

Par MM. Noisot, Grenadier de l'Ile-d'Elbe, et Rude, Statuaire,

A FIXIN (CÔTE-D'OR).

SOUVENIRS

PAR M. J. TRULLARD,

Avec dessins par M. Mazaroz.

DIJON,

GUASCO-JOBARD, ÉDITEUR.

1847.

SOUVENIR

DE

L'INAUGURATION

DU

MONUMENT DE NAPOLÉON

ÉRIGÉ EN BOURGOGNE.

I.

FIXIN.

Entre les localités et les pensées des hommes, il existe une harmonie qui saisit toute imagination. Au théâtre, les décors sont disposés pour les scènes du drame; dans la nature, les divers lieux, configurés par une main invisible, attendent les acteurs qui doivent les remplir de l'éclat de leurs œuvres et du retentissement de leur nom. La position qu'occupe le beau monument de Fixin, a trop de rapport avec la conception même de ce monument pour que l'esprit n'en soit point frappé avec un plaisir secret. Nul doute que cette position rêveuse ne soit entrée pour quelque chose dans la résolution que conçut M. Noisot, et qu'il vient d'accomplir, toutefois, avec autant de spontanéité que de patriotisme. Assurément aussi la situation ardue, retirée, de la statue de Napoléon, l'horizon borné par un côté, et mélancolique comme un chant de deuil, immense par le côté opposé, et infini comme la durée de la vraie gloire, ne contribuèrent pas médiocrement à rendre plus profonde encore l'impression de la multitude accourue de toutes parts le 19 septembre 1847. Aussi cette impression puissante se renouvellera-t-elle toujours dans l'âme du visiteur, et pourra être demandée aux mêmes lieux, tant qu'il subsistera un vestige de la statue de l'Empereur sur son piédestal.

Il semble que si ce monument eût été érigé partout ailleurs, il parlerait à l'esprit moins fortement, moins religieusement. Lorsqu'on s'est éloigné des villes, lorsqu'on a quitté, pour ainsi dire, tout chemin fréquenté; lorsqu'on a traversé le petit village de Fixin, on se dirige vers un côteau rapide, couvert de rochers, nu jusqu'au sommet, sorte de Calvaire, mais auquel se lient le Mont des Oliviers et le Jardin de la Résurrection. Sur la droite, s'étend un enclos, plutôt calme que riant; un simulacre de fort crénelé à l'angle du mur, fait rêver de guerre, sans troubler la paix que ces solitudes inspirent. Déjà on soupçonne la statue; des drapeaux flottants en annoncent la place, mais on ne l'aperçoit point encore : il ne fallait y arriver que le cœur préparé à s'ouvrir aux religieuses émotions. Une large allée bordée d'arbres et d'arbustes conduit par un détour au monument pieux; droite d'abord le long du côteau, elle devient escarpée, ardue, et l'on gravit comme il est nécessaire pour atteindre une grande chose. Grande, en effet!

Parvenu de degré en degré sur un tertre aplani, au pied du monument, on ne peut plus avoir qu'une seule pensée, celle de Napoléon. Il fait face à une perspective qui s'élargit insensiblement, devient infinie, et où le regard plonge en franchissant une contrée émaillée au printemps de toutes les richesses de la terre. Les horizons fuyants de la Corse n'ont pas une plus profonde immensité.

Napoléon a derrière lui, ou plutôt sur sa gauche, une vallée formée par deux côteaux qui se prolongent, se joignent et semblent fermer tout passage. Ils présentent l'un et l'autre un aspect bien différent. Celui du nord est couvert de bois, où le visiteur du monument descend et se repose des pensées qui l'ont agité en présence de la statue; une fontaine, des bancs de roches et de mousse le sollicitent à s'asseoir et à s'entretenir de l'avenir de la France avec ses compagnons ou avec lui-même. Le côteau du midi, chenu, fauve, sans ombre, arrête le regard de sa masse silencieuse et triste, et ramène l'esprit sur la France et sur Napoléon. La vallée qu'encadrent ces deux monts à pic et assez élevés, s'étend à une certaine distance, jusqu'à un sombre amas d'arbres touffus et de rochers bleuissants, qui paraît comme une colonne d'Hercule que nul pas d'homme ne saurait franchir. C'était là, il y a dix ans, une difficulté qui devait tenter le courage au repos d'un noble grenadier de l'Ile d'Elbe. M. Noisot pratiqua dans ces rochers inaccessibles un escalier tournant et pittoresque, que l'on gravit facilement, dans un demi-jour mystique, et qui conduit enfin à un plateau inattendu. Ce vallon, ces côteaux, tout cet ensemble forme une des promenades les plus romantiques et les plus délicieuses de nos contrées. Mais du pied de la statue, en face de ce silence de mort, qui plane sur toute cette partie occidentale de l'horizon, en face de cette désolation du côteau méridional, on se sent monter à l'esprit comme un souvenir, une image de Sainte-Hélène et de Longwood; il semble que c'est dans des limites semblables qu'étaient restreintes les promenades du grand captif des nations, du Prométhée moderne enchaîné par les Rois; on croit apercevoir, encore cachés dans le bosquet, les affreux officiers anglais qui épiaient à toute heuré chacun des pas de Napoléon: une pensée, qui semble s'échapper du sépulcre où il agonisa six ans, comprime le cœur.

Derrière la statue, un rideau formé par la montagne et des arbres verts grandissants, arrête aussi les regards, qui, du reste, ne songent guère à se détacher de la face émouvante de Napoléon.

Aujourd'hui, le grand monument qui domine la nature que nous venons de caractériser, est encore placé sous la sauve-garde de la Religion du Bien qui interdit toute mauvaise action, et du patriotisme qui commande au moins le respect des grands souvenirs nationaux. Mais bientôt les pieux visiteurs seront reçus par un des débris vénérables des grandes armées, appelé à veiller sur l'Empereur qu'il a connu, servi, aimé. Lévite guerrier préposé à l'entretien de l'autel de l'immortalité, une habitation d'un aspect belliqueux, au donjon carré, à la terrasse crenelée, l'attend près de la statue, et lui offre un séjour que tous ses compagnons d'armes lui envieront. Le soldat religieux qui le remplacera n'aura peut-être pas vu l'Empereur face à face ; mais il n'en nourrira pas moins le même dévouement pour l'Homme des siècles.

Après avoir parcouru ce site varié qui évoque dans l'imagination des souvenirs si éloquents, après avoir rêvé et comme prié devant la statue qui ranime des espérances certaines, quoique ajournées par la fatalité, c'est à peine si le pélerin apercevra des ruines gisant près de noyers séculaires, sur le penchant d'une colline qui regarde l'Orient; il se souciera à peine d'apprendre que ce sont les vestiges d'un manoir féodal dépendant autrefois de l'abbaye de Cîteaux, dont les moines avaient fait, bien avant l'avènement de Philippe-le-Hardi au trône ducal de Bourgogne, une maison-forte, aux épaisses murailles, aux portes capables de repousser les aggressions. De même, en apercevant dans une rue de Fixin une grande porte cintrée, en pierre de taille, découpée de nervures rondes et délicates, et à côté une petite porte de même style, puis une tour massive qui avance sur la rue et domine un vieux bâtiment, il ne se souciera guère de savoir que c'est là la Grosse Maison qui appartint à un capitaine et châtelain de Rouvres, le sire Monnot-Machefoing, fort dévoué au duc de Bourgogne, Philippe-le-Bon. Il aimera mieux encore visiter l'église de Fixin qui date des 13e et 14e siècles, et surtout celle de Fixey, l'une des plus remarquables et des plus anciennes du département, car le commencement du 11e siècle l'a vu édi-

la Religion du Bien qui interdit toute mauvaise action, et du patriotisme qui commande au moins le respect des grands souvenirs nationaux. Mais bientôt les pieux visiteurs seront reçus par un des débris vénérables des grandes armées, appelé à veiller sur l'Empereur qu'il a connu, servi, aimé. Lévite guerrier préposé à l'entretien de l'autel de l'immortalité, une habitation d'un aspect belliqueux, au donjon carré, à la terrasse crenelée, l'attend près de la statue, et lui offre un séjour que tous ses compagnons d'armes lui envieront. Le soldat religieux qui le remplacera n'aura peut-être pas vu l'Empereur face à face; mais il n'en nourrira pas moins le même dévouement pour l'Homme des siècles.

Après avoir parcouru ce site varié qui évoque dans l'imagination des souvenirs si éloquents, après avoir rêvé et comme prié devant la statue qui ranime des espérances certaines, quoique ajournées par la fatalité, c'est à peine si le pélerin apercevra des ruines gisant près de noyers séculaires, sur le penchant d'une colline qui regarde l'Orient ; il se souciera à peine d'apprendre que ce sont les vestiges d'un manoir féodal dépendant autrefois de l'abbaye de Cîteaux, dont les moines avaient fait, bien avant l'avènement de Philippe-le-Hardi au trône ducal de Bourgogne, une maison-forte, aux épaisses murailles, aux portes capables de repousser les aggressions. De même, en apercevant dans une rue de Fixin une grande porte cintrée, en pierre de taille, découpée de nervures rondes et délicates, et à côté une petite porte de même style, puis une tour massive qui avance sur la rue et domine un vieux bâtiment, il ne se souciera guère de savoir que c'est là la Grosse Maison qui appartint à un capitaine et châtelain de Rouvres, le sire Monnot-Machefoing, fort dévoué au duc de Bourgogne, Philippe-le-Bon. Il aimera mieux encore visiter l'église de Fixin qui date des 13e et 14e siècles, et surtout celle de Fixey, l'une des plus remarquables et des plus anciennes du département, car le commencement du 11e siècle l'a vu édifier. Mais, au lieu d'interroger ce passé obscur, de chercher à lire dans des débris l'histoire du petit village de Fixin que des actes des 11ᵉ et 12ᵉ siècles appellent *Fiscinæ*, *Fiscinus* ou *Fiscinum*, le voyageur ému préférera repasser dans son esprit l'impression puissante qu'aura produite sur lui la statue de Napoléon.

II.

LA STATUE.

—

Le jour où fut inauguré le monument de Napoléon, près du village de Fixin, fut un jour solennel au-delà de toute prévision, qui a sa place marquée dans l'histoire de Bourgogne, et aussi dans l'histoire de la France, tant les sentiments qui passèrent dans l'âme des populations assemblées eurent d'énergie et de grandeur : chacun sentit en soi germer, éclore une vie inattendue qui, aujourd'hui, s'alimente, se propage, s'étend de proche en proche : comme aux premiers jours du monde, l'esprit de Dieu est porté sur les ténèbres de l'abîme.

Mais le moment où, face à face, au lieu même où s'élève la statue de l'Empereur, s'arrêtèrent dans leur promenade un ancien soldat et un statuaire, pour échanger une pensée dont la conséquence devait être le monument de Fixin et la rénovation spirituelle de tous ceux qui le visiteraient, ce moment aussi fut solennel, car il vit deux hommes s'entretenir d'un monde qu'ils portaient dans leur esprit, et qu'ils osaient à peine se découvrir, se révéler l'un à l'autre.

« Mon cher Rude, dit l'ancien soldat, je suis mécontent! je suis affligé! Comment! pas un tableau! pas une figure! pas un monument! qui rappelle à mes yeux Celui que j'ai connu!.... Ah! Rude!.... »

Il fallait, nous dit M. Noisot, voir comme moi, en ce moment d'effusion contenue, l'œil étincelant du vieux sculpteur.... Il était heureux !

« Mais, reprit M. Rude avec vivacité, que voulez-vous faire d'une statue? Où voulez-vous la placer? »

« — Ici, là ! en face des Vosges, en face du Jura, des Alpes ; en face de l'Italie ! A ses pieds se déroulent les champs de la Bourgogne, le vaste et brillant vallon de la Bourgogne ! Cette position a bien sa valeur ! »

« —Eh bien ! repartit le statuaire, calmez-vous, mon cher Noisot, je vous ferai un Empereur ! »

Quel dialogue! Qui pourrait n'en considérer que la lettre, ne pas en pénétrer l'esprit profond, infini comme la pensée des destinées de la France? Napoléon, que M. Noisot connut, que son grand cœur comprit, est à ses yeux le Christ des temps modernes, un Messie nouveau : il n'a pas hésité à le proclamer bien haut le jour de l'inauguration de sa statue si longtemps désirée. Et cette conviction, cette foi, est commune aussi à plus d'une intelligence inspirée et lumineuse; nous l'avons entendu exprimer au collége de France, il y a trois ans, au milieu des applaudissements d'un immense auditoire composé en grande partie d'hommes du Nord. Quant à M. Rude, il n'en prévint pas tout d'abord son noble ami, mais il y avait vingt ans que, dans sa pensée, il sculptait un monument de Napoléon. La statue qu'il vient de nous donner, conçue, exécutée avec génie, avec cette puissance qui régénère et qui crée, en offre un témoignage frappant, et on ne hasarde point ici un jugement personnel.

Toute œuvre d'art a deux épreuves à subir de la part du grand juge, le bon sens populaire; et il est peu de ces œuvres qui sortent triomphantes de ce tribunal souverain. Les unes produisent d'abord sur la foule attentive une première impression qui leur est favorable, mais elles succombent bientôt sous l'œil qui les considère détail à détail : la pensée qui les enfanta, plus ou moins profonde, était bonne en soi; mais le talent pour l'exécuter fit défaut ; et alors, comme ces nobles âmes unies à des corps d'une conformation trop défectueuse, il leur faut bientôt retourner à leur auteur. D'autres œuvres ne captivent point d'abord le regard, n'attirent point à elles par la conception qu'elles manifestent ; elles demandent un examen patient, une étude prolongée, des connaissances techniques préliminaires ; elles valent par un talent consciencieux et mûri, mais le souffle du génie ne les anime point ; elles subsistent alors dans le monde, bien qu'avec honneur, comme ces esprits cultivés patiemment, dont on sollicite volontiers le plaisir vain d'un court entretien, mais qui ne sauraient nous communiquer un peu de vie nouvelle. Ces deux moments de la critique, également périlleux pour les grands ouvrages d'art, se succèdent et ne se séparent point. La statue de M. Rude, si admirée à Paris, charme et touche immédiatement tous les cœurs qui ne se sont point pétrifiés sous les assauts d'une intelligence faussée ; et elle est louée avec un doux enthousiasme par la critique savante dont on veut se faire ici l'écho fidèle.

Au point de vue de l'art pur, ce qui surprend tout d'abord dans cette statue, ce qui cause un frémissement d'admiration, c'est, pour nous exprimer dans les termes convenus, le mariage habilement ménagé du *réel* et de l'*idéal*. Chaque détail est matériellement vrai : les vieux serviteurs de Napoléon reconnaissent ses traits dans le bronze de M. Rude, et sont transportés de le revoir après une si longue séparation. Toutefois, où la rassemblance est surtout saisissante, c'est dans le profil, que la mort a dû le moins altérer.

Napoléon est étendu sur un roc abrupt, battu de toutes parts par les ondes de l'Océan, et qui figure cette île désolée de Sainte-Hélène. Il est vêtu de l'uniforme consacré, qu'il portait le jour de sa plus éclatante victoire; sous le manteau de Marengo, drapé comme il convient à une étoffe épaisse et cependant sans lourdeur, on devine le mouvement : les pieds se déplacent, le genou droit s'avance, le bras gauche se dessine pendant, mais reprenant vie. Placé sur le côté gauche, appuyé sur le bras droit, l'Empereur soulève son glorieux suaire, et le buste découvert s'imprime, pour se redresser, une impulsion lente, qui communique aux spectateurs le frisson d'épouvante et de joie qu'éprouvèrent les témoins attentifs de la résurrection de Lazare. La tête, couronnée du simple laurier, se sépare déjà de la main droite, où se remarque, ainsi que dans tout le bras, un léger effort musculaire ; et le manteau demeure soutenu par ce bras qu'il recouvre par derrière. Les contractions imprimées par la mort sur le visage de l'Empereur, se lisent sur tous ses traits, et dans tous ses traits cependant passe un souffle de vie qui lutte contre les étreintes glacées de la mort. Les lèvres serrées, déformées, veulent s'animer ; les narines comprimées commencent à se dilater ; les paupières fermées font déjà effort pour se soulever, et le front n'a rien perdu de cette majesté pensive où nos pères voyaient éclater le génie. Ce combat de la vie et de la mort, où la victoire doit rester à la vie, est exprimé avec un art qui dénonce autant de précision dans les études que d'originalité dans l'imagination.

Les accessoires de la statue accusent aussi une méditation profonde et méritent la plus sérieuse attention : ce sont bien les attributs ordinaires de Napoléon, mais transformés par une conception puissante. L'aigle impérial, étendu sur le bord du rocher, l'aile pendante, le corps inerte, a l'immobilité irremédiable de la mort; son bec est entr'ouvert, sa serre est crispée comme pour rappeler qu'il succomba dans une immense bataille : il figure l'extinction de la splendeur matérielle de l'Empire, comme son maître, en travail de résurrection, en présage le retour spirituel. A côté de Napoléon, près du petit chapeau populaire posé sur le rocher, gît aussi son épée dont la poignée seule s'aperçoit;

une lourde chaîne y est appendue encore ; brisée, glissant le long du rocher vers la mer, elle enlace toujours de ses anneaux la compagne morne de l'Empereur : on voit là trop clairement le symbole des longs malheurs ourdis contre nous par la Sainte-Alliance, et qui ne sont point encore réparés ; cette épée, toujours retenue par les carcans anglais, nous dit que nous sommes toujours aux yeux de l'Europe les vaincus de Waterloo ; étreinte par ces entraves de fer, elle nous parle du passé que nous oublions trop facilement, mais l'esprit de Napoléon qui ne saurait être enchaîné, qui a brisé ses liens impuissants, nous entretient de l'avenir. Tout près de cette poignée d'épée si glorieuse et si lugubre, est posée par l'admiration savamment éclairée du sculpteur, une couronne civique, dont on aperçoit quelques-unes des feuilles de chêne; elles portent des noms de batailles : *Lodi*, *Castiglione*, *Montenotte;* ces noms se trouvent là comme pour faire voir, par ce fragment d'énumération, que les campagnes de Napoléon Bonaparte eurent pour but dernier l'émancipation des peuples, une constitution fondée sur l'équité et l'égalité, la propagation de l'esprit de la Révolution française malgré toute résistance, et qu'en définitive, l'honneur de l'organisation pacifique et sainte des nations, fut la récompense qu'ambitionna partout et toujours le consul de Marengo.

Tels sont les éléments extérieurs du monument de bronze élevé à Fixin, et telle en est l'âme répandue intimement dans chaque partie. La pénétration de l'avenir et la mémoire du passé y éclatent également ; l'histoire de la France s'y constate, et toutes ses destinées s'y lisent. L'infini et le fini, l'esprit et la matière s'associent dans ce prodige d'art, et y forment une alliance qui témoigne visiblement d'un génie créateur. M. Rude est bien de la famille de ces grands maîtres de la peinture, de la statuaire, de la poésie : comme eux, il transfigure la réalité en la touchant, pour l'avancement des esprits ; comme eux , il élève l'art à la hauteur d'un sacerdoce.

Avant de découvrir ce monument dont l'idée même devait émouvoir si vivement les populations accourues, et où le talent apparaît partout irréprochable, M. Noisot, dans son glorieux uniforme d'officier de l'Empire, le visage éclatant de la religion de la patrie, prononça, en présence de hauts magistrats, de généraux venus à cette fête officieusement, et d'une foule attentive quoique impatiente, des paroles fortement senties qui arrachèrent de toutes parts des cris enthousiastes de *vive Napoléon ! vive l'Empereur !* Il termina ce moment d'effusion solennelle par ces mots qui résument sa pensée, et qui trouvèrent un écho dans toutes les âmes : « Nous confions ce monument à la foi publique, à l'énergique patriotisme des Bourguignons ; et si un jour les ennemis de la France, les Barbares, les Vandales, osaient tourner leur front de ce côté, et marcher contre nous aux cris de : Paris !

Paris! n'est-il pas vrai qu'en défendant la patrie, vous défendrez ce monument que je découvre aujourd'hui? »

Dès-lors, les canons, qui, depuis l'aube, annonçaient la fête au loin, grondèrent plus activement ; des orchestres remplissant les montagnes de leurs symphonies, accompagnèrent les chants intérieurs des âmes, et la foule ne cessa point jusqu'au soir de gravir l'avenue tournoyante pour s'écouler autour de la statue. En en approchant, chacun se découvrait ; au premier regard, l'émotion gonflait la poitrine ; on entendait des sanglots étouffés, et les yeux se voilaient de larmes : expressions silencieuses de souvenirs pénibles, de brûlantes espérances, autant que d'admiration spontanée pour une œuvre d'art.

En descendant de la plate-forme où s'élève le bronze qui suscite tant de profonds sentiments, la multitude des visiteurs se répandait au fur et à mesure dans le bois, dans la vallée, sur les collines garnies de tentes pavoisées aux couleurs nationales, et l'on entendait le bruissement des longs entretiens, ou des chants qui s'élevaient çà et là avec une dignité religieuse : la présence de Napoléon sur son socle de marbre imposait.

Une croix d'officier de la Légion-d'Honneur se remarqua bientôt appendue à la garde de l'épée impériale. C'était le fils d'un soldat des bataillons de la Côte-d'Or qui l'avait placée là, disant : Je rends à Napoléon ce que Napoléon a donné à mon père sur le champ de bataille. Cet ex-voto d'un nouveau genre, gage d'une noble piété patriotique, venait d'un menuisier de Dijon, M. Cormillot.

Vers le coucher du soleil, les compagnies de sapeurs-pompiers, qui étaient venues de loin, voulurent, avant de regagner leurs foyers, saluer encore une fois la statue; et elles défilèrent à l'entour aux cris de *vive l'Empereur!* L'un des capitaines, faisant halte devant Napoléon, entonna d'une voix émue, entrecoupée de sanglots, un chant dont la troupe répétait le refrain avec autant d'émotion inexprimable.

La nuit arriva, et après un feu d'artifice; la foule, emportant dans son cœur et dans son imagination, la représentation vivante de la figure de Napoléon, se répandit sur toutes les routes en chantant la *Marseillaise*, des odes de Béranger et d'autres hymnes nationaux.

Le nom, déjà depuis longtemps célèbre, de M. Rude, aurait pu sans doute à lui seul attirer cette multitude ; mais elle avait conçu dans la fête de Fixin quelque chose de plus qu'une fête de l'art ; elle avait pénétré d'avance toute la pensée de M. Rude, toute celle de M. Noisot.

III.

LA FÊTE.

—

Pourquoi, depuis des semaines entières, ne s'entretenait-on à Dijon, et dans un vaste rayon autour de cette ville, que d'un pélerinage prochain vers une statue nouvelle ? Pourquoi se donnait-on de toutes parts un rendez-vous enthousiaste autour d'un monument de Napoléon, dans un village retiré, comme des néophytes, aux premiers

Inauguration de la Statue LA RÉSURRECTION DE NAPOLÉON érigée à Fixin (Côte-d'Or)

temps du Christianisme, se convoquaient autour d'un Crucifix et dans des lieux déserts où le souffle infecté des hommes avait le moins passé? Pourquoi les populations se sentaient-elles entraînées à se rendre dans cette solitude, et à demander à un grand nom des souvenirs héroïques, de vastes pensées, comme ces légions de malades qui délaissent un moment leur couche pour redemander l'étincelle de vie au soleil éclatant dans un air purifié? Pourquoi un si nombreux concours de vieillards qui arrivaient alègres et rajeunis, de femmes, d'enfants dont mille sentiments virils épanouissaient le cœur, de jeunes hommes, enfin, dont la poitrine était remplie d'une immense attente, d'une émotion puissante et sérieuse, comme aux jours de ces proclamations célèbres qui présageaient de fécondes victoires? Pourquoi cette rénovation soudaine des cœurs et des esprits à la nouvelle qu'une statue de bronze est érigée par le devouement d'un statuaire et d'un soldat?

Dans cette innombrable multitude répandue sur tous les côteaux de Fixin, on sentait comme le battement d'une même pensée, intime, profonde, mystérieuse, qui avait surgi tout-à-coup dans les âmes comme un ferment de vie nouvelle, et qui ne laissait pas toutefois de se manifester dans les paroles et sur les visages. On se tromperait grossièrement si l'on allait s'imaginer que la pure curiosité avait entraîné une si grande foule, où ne se montra aucun de ces dévergondages des attroupements sans pensée, mais qui, constamment, fut calme, recueillie jusque dans les chants des hymnes patriotiques, entonnés le jour, le soir surtout, à mille voix. On ne se tromperait pas moins si l'on jugeait qu'un simple tribut d'hommages à payer à la glorieuse mémoire de Napoléon, était le plus puissant motif du concours de tant de familles. Un sentiment plus haut que cette reconnaissance même guida l'élan généreux du peuple, et il témoigne de la foi vivante au fond des âmes, en même temps qu'il renouvelle un haut et précieux enseignement.

Il y avait longtemps que, plongés, bon gré malgré, dans les sordides ténèbres de l'égoïsme, des ambitions personnelles, des rivalités mesquines au nom de petites idées, nous ne nous étions pas, en Bourgogne, en France, assemblés dans une grande communion spirituelle au double nom de la providence et de la patrie. Pas une occasion, pas un temple, pas un symbole, nulle part ; car, où Dieu pourrait être présent, la patrie est absente. Deux hommes se trouvèrent qui, puisant dans leur cœur sympathique comme l'intuition de ce besoin immense qui consume et tue, s'en entretinrent par demi-mots pleins de sens : ils se comprirent bientôt comme deux esprits nourris de la même pensée vraie, et ils résolurent sur-le-champ d'élever un autel tout nouveau, au pied duquel leurs concitoyens, en ces jours de tristesse et de perplexité, puissent tout à la fois exhaler de leur poitrine oppressée une fervente prière de patriotisme, d'abnégation de soi au bénéfice de la France, et retremper leur âme aux sources vivifiantes de cet idéal infini des nations, dont Napoléon est le dernier symbole et la plus éclatante figure.

Telle est du moins la signification que les populations pensives, émues jusqu'au fond des entrailles, attribuèrent à ce monument de bronze érigé à Fixin. Là elles trouvèrent Napoléon sortant de la mort, se ranimant du souffle divin, se relevant comme pour de nouvelles luttes et pour la défense de toutes les saintes causes; elles saluèrent alors avec un religieux enthousiasme le médiateur immortel de l'idéal qu'elles rêvaient, qu'elles poursuivaient déjà dès le départ. Dans ce réveil de Napoléon, elles virent éclater comme un signe de la protection toujours présente de Dieu; elles présagèrent dans leur cœur l'avenir encore glorieux de la France, et la réalisation prochaine, fût-ce après cent combats, des vœux constants de l'Empereur : l'avénement de la justice pour chacun et pour tous, la fondation de l'indépendance et de la fraternité des peuples.

L'idéal apparu pendant la Révolution française, incarné dans Napoléon, et que des doctrines menteuses s'efforcent d'enténébrer, voilà le vrai mobile qui précipita les populations vers un village éloigné, autour d'une statue qui est la glorification de toutes les espérances de la France et du Monde.

Nous ne sommes pas à une époque de religions héroïques, où la reconnaissance et l'admiration déifient les grands hommes; aussi ces sentiments ne causèrent-ils pas seuls la commotion générale qui éclata dans la mémorable fête du 19 septembre. On put encore y constater facilement les hautes aspirations du spiritualisme chrétien que ranime, que vivifie partout l'esprit démocratique. Ce ne fut pas un homme, mais plus qu'un homme; ce ne fut pas un héros, mais plus qu'un héros : ce fut le médiateur moderne de l'éternel idéal du droit des peuples, à qui l'on voua, dans le secret de son cœur, un culte sincère, une foi inébranlable.

Plus d'une fois encore le même besoin de rénovation patriotique et religieuse entraînera les populations de la Bourgogne dans le vallon solitaire qui domine le monument sacré; elles iront, comme dans un temple de la patrie, y chercher consolation et force. Au moment même où l'on écrit ces lignes, l'impulsion donnée par la fête d'inauguration est ardemment suivie. Jusqu'ici le monument de Napoléon n'est point un instant resté seul. Les visiteurs se succèdent toujours poussés par les mêmes sentiments. Le 13ᵉ régiment de ligne, officiers supérieurs en tête, alla aussi, depuis Dijon, saluer le réveil de celui qui disait au 18 brumaire : Je suis le Dieu des armées ; croyez-en moi ! Et oublierai-je cet homme à tête grise que je vis un matin s'avancer près de la statue, seul, lentement, ses instruments de travail sur l'épaule, qui se découvrit dès l'abord, et chanta aux pieds de Napoléon des strophes empreintes de tristesse et d'espérance, avec ce son de voix que peut seule donner une piété profonde. Ancien militaire, sans doute, il faisait penser à ces chevaliers du moyen âge qui, passant devant un temple, ne manquaient pas d'aller au pied de l'autel réciter à demi-voix une prière fervente.

IV.

LE LENDEMAIN.

—

Ce qui fait l'importance d'un événement, ce qui marque sa place dans l'histoire, c'est l'enseignement qu'il renferme. La fête du 19 septembre a montré que sous l'empire des nobles sentiments, des grandes pensées, il n'existe plus de division entre les hommes, plus de pays légal, plus de bourgeois, plus de prolétaires, plus de ces distinctions impies, mais une confraternité universelle et chrétienne. Elle a montré que c'est aux généreux sentiments des peuples que les gouvernements doivent faire appel, et non aux penchants pervers qui ne tendent que trop naturellement à se développer. Elle a montré que les grands souvenirs nationaux sont essentiellement propres à élever l'âme vers la Providence qui poursuit toujours son œuvre de création spirituelle. Elle a montré que pour le bon sens populaire qui juge de haut et ne tombe point dans les superstitions d'un autre âge, Napoléon n'est pas seulement un empereur d'une époque donnée, qu'il n'est pas surtout un demi-dieu de je ne sais quel Olympe païen, mais qu'il est l'homme des siècles; et que, tout comme la Révolution française est universelle par son esprit, Napoléon, en qui elle s'est incarnée, est aussi l'homme universel, l'homme enfin : par ses actes, par ses œuvres qui indiquent en lui une puissance infinie, par sa parole qui conquiert une autorité illimitée, divine, et qui renferme toute science, par sa vie qui absorbe toute vie, et qui la communique à tous, il résume en effet toute l'humanité antérieure, et il semble devoir dominer à jamais toute l'humanité à venir, qu'il inspirera incessamment de son esprit intarissable : il est en réalité un Verbe nouveau, le Verbe social.

Malgré ce caractère de messianisme avéré, évident, et peut-être à cause de ce caractère, Napoléon mourut avant le temps. Le sépulcre se ferma sur lui. Mais voici que le troisième jour approche. Déjà l'Homme de la destinée soulève un coin de son linceuil; déjà les populations les plus proches s'empressent autour de lui; déjà il communique de nouveau le feu sacré, les hautes espérances, le saint enthousiasme; son âme vient aimanter les âmes; et l'esprit de démocratie, celui qui ne produit pas l'anarchie, celui qui n'exclut pas l'ordre du milieu des sociétés, est dans une grande allégresse.

Dijon, le 30 septembre 1847.

J. TRULLARD.

Il est d'autres souvenirs, d'autres pensées, que l'on se reprocherait de ne pas consigner ici. Les impressions produites par la position du monument, par la statue elle-même, par la foule émue des visiteurs furent profondes et durables assurément, mais elles furent aussi très-multipliées, et notre mémoire dut en laisser échapper un grand nombre. Nous voulons rapporter du moins, sous forme de notes, les faits divers qui se présentent en ce moment à notre esprit : nous en avons été témoin, ou nous les avons recueillis de témoins irrécusables.

Sans doute la statue de Napoléon est située comme dans un désert, où la piété semble seule entretenir un peu de végétation ; mais pour arriver à Fixin, quels riches pays l'on a traversés ! Ce village se trouve entre Dijon et Nuits, et tout près par conséquent de ces vignobles qui s'appellent Vougeot, Chambolle, Chambertin, et que d'un pas l'on peut découvrir. De minime village qu'il est, Fixin est appelé à devenir sous peu un bourg qui sera constamment approvisionné de toutes les ressources nécessaires aux voyageurs. Il est à 10 kilomètres de Dijon.

Le terrain où se trouve aujourd'hui le monument de Napoléon, était, il y a quelques années, couvert de rochers. M. Noisot en fit l'acquisition dans le but d'y employer des bras sans travail. La bienfaisance consacra ainsi le sol qui entoure maintenant la statue de l'Empereur.

Des quatre petites pièces de canon qui retentirent le jour de la fête, deux furent données au capitaine Noisot par le général Raymond, pour le service spécial du monument de l'Empereur. On bénit les cloches nouvelles des temples ; le dévouement à Napoléon sanctifia aussi les bouches d'airain qui convoquaient les populations.

Au moment où M. Noisot enleva le vaste drapeau tricolore qui couvrait le monument, les tambours commencèrent à battre aux champs, comme si Napoléon, accompagné du capitaine Noisot, du vieux général Bony, ses aides-de-camp par droit de fidélité et de dévouement, se présentait, et passait en revue les autorités de la province, l'armée, toutes les populations. Un corps nombreux de musiciens jouait la *Marseillaise*, cri des âmes patriotiques, et ensuite l'air historique et prophétique tout ensemble : *Veillons au salut de l'Empire*, c'est-à-dire veillons à toutes les grandes idées qu'a recueillies, qu'a fécondées Napoléon. Un des quatre grenadiers de l'Ile d'Elbe qui se trouvent encore dans le département de la Côte-d'Or, M. Chanat, dirigeait, inspirait cette musique.

Mais nous sommes forcé de faire ici une pénible correction : il n'y a plus quatre hommes du bataillon sacré dans notre département ; l'un d'eux, M. Courtois, vient de mourir à St.-Jean-de-Losne.

Nous n'avons dit encore qu'un mot du rôle que jouèrent les autorités du département dans la fête nationale du 19 septembre. Elles y assistèrent officieusement, bien que leur intention eût été d'abord tout autre, au dire même du journal ministériel de la Côte-d'Or. Parées du costume qui les illustre, elles eussent pensé donner trop de solennité à une fête patriotique et populaire ; ou, plus sensément, elles eussent redouté le désaveu du gouvernement qu'elles servent. Elles désespérèrent de persuader aux ministres que les bigarrures dorées dont elles se vêtent n'ajouteraient aucun éclat à la gloire de Napoléon, ne rehausseraient ni le dévouement de M. Noisot à l'Empereur, ni le génie de M. Rude, ni l'enthousiasme du peuple pour l'homme dont les idées à jamais vivantes sont la sauvegarde inébranlable de la France.

Les autorités du département et une nombreuse assistance furent conviées dans le vieux débris du château de la Perrière qui appartient aujourd'hui au marquis de Montmort ; et à la fin de ce déjeûner de fête, des toast furent proposés. Nos premiers fonctionnaires avaient assurément senti la terre trembler sous leurs pieds au moment où la statue fut découverte, mais ils ne laissèrent rien percer de leur impression dans leurs paroles. Venu officieusement, M. le général Boyer tint un langage officiel : il porta la santé du roi. M. le Préfet prononça quelques mots qui accusent du moins une fine fleur de délicatesse et de littérature : « Messieurs, dit-il, j'ai l'honneur de vous proposer de boire à la santé de M. Rude et de M. Noisot. — Au génie des arts, au génie de la reconnaissance, dont le noble concours et l'alliance féconde ont produit un chef-d'œuvre consacré à un grand homme ! — A notre moderne Phidias, qu'un autre Alexandre aurait déclaré seul digne de reproduire son image ! — Au grenadier de l'Ile-d'Elbe, qui, courtisan de l'exile, a conquis le droit de décerner à l'Empereur cet hommage d'un pieux dévouement et d'une fidélité inaltérable! — A Rude! A Noisot! »

On ne saurait préciser le nombre de personnes assemblées dans la *Combe-Lavaux* et sur les collines, mais on le porta généralement de vingt à vingt-cinq mille; et ce qui frappe, c'est que pas un accident, pas une querelle n'éclata : les inimitiés, les rivalités qui se coudoient partout, avaient cessé en ce jour.

Trois noms étaient présents à tous les esprits, et comme associés dans cette grande fête : Napoléon, Noisot, Rude. Il était naturel que le premier préoccupât surtout. Puis, lorsqu'on opposait le projet réalisé de M. Noisot à ce qui eût pu être accompli en France depuis longtemps, on ne pouvait refuser au dévouement du grenadier de l'Ile d'Elbe, à la pensée qu'il eut de l'érection d'un monument de l'Empereur, une admiration sans réserve. Quant à M. Rude, le plus grand hommage rendu à son génie, c'est l'émotion causée par son œuvre; sa statue préoccupa plus les esprits que le nom glorieux de celui qui en était l'auteur; il avait su complétement exprimer la pensée populaire en ce qui touche Napoléon, et cette pensée fondue en bronze prédominait sur les souvenirs qui se rattachent à l'illustre artiste. La patrie avant les grands-prêtres de l'esprit patriotique, quoi de plus logique, mais aussi quoi de plus honorable pour M. Rude qui, faisant franchir aux esprits les limites de sa personnalité, les transporta dans l'infini d'où jaillissent les sources véritables de l'art!

Supposez que Napoléon eût été représenté d'une toute

autre manière qu'il ne l'est, lors même que cette manière eût évité l'écueil de la vulgarité, tout l'ordre des impressions, des pensées était renversé, bouleversé, si tant est qu'une autre statue eût produit un effet significatif.

M. Rude et M. Noisot sont à peu près de même âge, et tous deux sont nés en Bourgogne, à peu de distance l'un de l'autre, le premier à Dijon, le 4 janvier 1784; le second à Auxonne, le 5 septembre 1787. Ces dates, puis leur égal amour de l'art, de la France, expliquent le projet qu'ils nourrissaient tous deux secrètement, d'élever dans leur pays un monument à Napoléon.

Lorsqu'en 1840, les cendres de Napoléon furent amenées enfin sur les bords de la Seine, une compagnie formée des débris vénérables des grandes armées, du bataillon de l'île d'Elbe surtout, marchait martialement, fièrement, bien que les larmes dans les yeux, derrière le char funéraire. L'arrivée spontanée de tous ces glorieux serviteurs de l'Empire n'avait point été prévue; comme s'ils eussent dû faire défaut dans une pareille cérémonie ! ils n'avaient donc point de place assignée par les ordonnateurs de la marche funèbre. Mais cette place était marquée naturellement, et ils la trouvèrent bientôt. Ils se déployèrent en tête du cortége, et bon gré malgré, ils menèrent le deuil. M. Noisot qui, du vœu de ses anciens frères d'armes, commandait cette compagnie doublement sacrée, protesta contre toutes les réclamations hostiles; et ce fut à sa persistance énergique que les amis sincères de Napoléon durent de ne pas être repoussés, rejetés tout au moins à la fin du cortége. Je m'en souviens : nul ne les voyait passer sans pleurer d'attendrissement devant tant de fidélité, et d'admiration devant tant de gloire immortelle.

M. Rude a produit de nombreux ouvrages. Les plus remarquables sont : *l'Enfant à la tortue*, exposé en 1832 et placé au musée du Luxembourg ; *le Départ des volontaires* en 1792, admirable bas-relief de l'Arc de triomphe de l'Etoile, son chef-d'œuvre avant la *Statue de Napoléon;* le *Baptême de Jésus,* qui se trouve dans l'église de la Madeleine ; le *Monument funèbre de Cavaignac.* M. Rude fut élève de Devosges, fondateur courageux et désintéressé de l'Ecole des Beaux-Arts de Dijon. Arrivé à Paris en 1807, il fut occupé aux sculptures de la colonne Vendôme, glorieuse préparation à d'autres productions patriotiques.

Pour notre statue de Napoléon, le fidèle compagnon attaché au service personnel de l'Empereur, M. Marchand, mit à la disposition de M. Rude qui lui en fit la demande, l'empreinte même qui fut prise à Ste.-Hélène sur le visage éteint de Napoléon. Il lui communiqua aussi le chapeau, l'uniforme, l'épée, le manteau du Maître. Le statuaire était dès-lors en possession des éléments nécessaires pour donner un corps réel à l'idéal que son génie apercevait. Il n'est pas jusqu'à l'aigle qui ne soit fait d'après nature : le Jardin des Plantes fournit à M. Rude un aigle qui venait de mourir. Données bien simples, et cependant bien complètes en apparence ; mais entre elles et l'œuvre que nous possédons il y a un abîme, toute la différence infinie qui sépare le chaos sans idée de la création où éclate une intelligence toute-puissante !

Pendant que la statue de M. Rude était exposée au public dans son atelier, il s'y passa beaucoup de faits, il s'y dit beaucoup de paroles qui accusèrent, particulièrement dans les pauvres d'esprit, une intelligence complète de la pensée du statuaire. Ces paroles, ces faits étranges, bizarres dans leur forme extérieure, renfermaient tous un sens unique, celui que nous avons développé. Ainsi deux porteurs d'eau, deux chiffonniers allèrent visiter la statue. Vous pensez qu'ils contemplèrent béatement, niaisement; vous vous trompez. Ils firent le commentaire historique, poétique, enthousiaste et profondément vrai de la statue jusque dans les moindres détails.

Trois invalides se traînèrent aussi vers le monument de l'Empereur. Lorsqu'ils eurent examiné, pleuré, le moins âgé émit, chemin faisant, un mot d'espérance sur l'apparition probable d'un autre Napoléon; il n'avait d'autre but que de consoler l'un de ses deux camarades, le plus vieux. « Imbécille, répondit celui-ci; Dieu ne serait pas *capable* (je traduis ici un mot) d'en faire un pareil. » Cette parole, soldatesque dans sa forme, est profonde et vraie. A enfanter de ces *Messies* de l'humanité, dans le sens rationnel du mot, la nature emploie en effet des siècles. Toutefois, la nature éternelle est inépuisable, et l'humanité poursuit une fin qui s'élève incessamment.

A Fixin, une femme, une villageoise revenait de visiter le monument. Son curé la rencontra. « Eh bien! lui dit-il, quelle impression la statue de Napoléon a-t-elle produite sur vous? O! Monsieur le curé, je l'ai trouvé si triste que je n'ai pu m'empêcher, en le voyant, de dire pour lui deux *Pater* et deux *Ave*. — Cette impression de tristesse est en effet le sentiment qu'inspire la statue vue au déclin du soleil. Le matin, la résurrection est éclatante et l'espérance remplit le cœur. Cette paysanne avait vu juste ; elle ne se trompait pas. Mais il lui faut revoir le monument : elle le comprendra dans son véritable sens.

Rapporter tous les faits, tous les mots épars dans la foule soit avant l'érection du monument, soit pendant l'inauguration, soit les jours suivants, nous entraînerait dans des redites. Nous les avons recueillis sans plan arrêté d'avance, et nous en avons, autant que nous pouvions, exprimé précédemment le sens souvent pathétique, toujours profond.

Nous avons présenté une explication de l'épée enchaînée. Ce sens est le plus généralement admis et le plus clair en apparence. Toutefois, nous en avions d'abord adopté un autre qui est plus complétement vrai, plus en harmonie avec la statue et tout le monument. Ce semble être une contradiction et comme un sophisme de la part du statuaire cependant si profond, si clairvoyant, si inspiré que de rendre la vie au grand vaincu de Waterloo, et de laisser son épée rivée au rocher. Qu'est-ce, en effet, que Napoléon sans son épée ? Comment peut-il être représenté ressuscitant, et comment surtout peut-on admettre cette renaissance de l'Empereur, si la moitié de lui-même, si son épée, comme son esprit, ne recouvre pas la liberté ? C'est cette épée que la Sainte-Alliance a enchaînée, sachant que dès-lors les puissances conjurées demeureraient maîtresses de Napoléon, de sa pensée civilisatrice réduite à l'impuissance d'action. Or, son épée est encore captive, c'est donc en vain que Napoléon lève son suaire, se redresse et veut redevenir géant, il ne le peut pas plus que les partisans de la paix à tout prix : comme eux, il ne peut provoquer en nous qu'une illusion.

Assurément c'est là une grosse affaire, au point de vue de l'art, c'est-à-dire de la vérité historique et de la vérité idéale combinées. Nous avions tout d'abord, spontanément, naturellement dénoué cette difficulté, et nous rapportons ici notre première interprétation en forme de variante. Nous nous étions exprimé en ces termes : « on aperçoit seulement la poignée de l'épée impériale ; une chaîne brisée y est appendue encore par un des anneaux, elle glisse le long du rocher vers la mer, et est prête à y entraîner l'épée de commandement : on voit là assez clairement le symbole de ce despotisme militaire, tant blâmé par un aveugle amour de la liberté, si pleinemet justifié toutefois par vingt raisons, mais qui n'accompagne point la renaissance des idées impériales, parce que c'est à nous de rendre ce despotisme inutile. »

Nous avons prononcé plusieurs fois le mot *Messie*. Nous devons dire ici que nous le prenons dans un sens tout rationnel, tout humain. Un Messie est pour nous, comme nous l'avons dit, un homme dont les actes, les œuvres indiquent une puissance infinie, dont la parole conquiert une autorité illimitée, divine, et renferme toute science, dont la vie absorbe toute vie et la communique à tous, qui résume toute l'humanité antérieure et paraît aux intelligences devoir dominer à jamais toute l'humanité à venir, et l'inspirer incessamment de son esprit fécond, intarissable, immortel. Et ce caractère, nous le trouvons dans Napoléon. C'est pourquoi nous l'appelons, après plusieurs écrivains, l'Homme des siècles, l'Homme de la destinée, le Médiateur providentiel entre le genre humain tel qu'il est actuellement et le genre humain tel que l'on conçoit qu'il doit être. C'est en vérité le Verbe social.

Cette signification que nous donnons au mot, à l'idée de Messie, n'est pas différente de son sens primitif, biblique. *Messie* veut dire en hébreu, d'après les Hébraïsants, *oint*. Les Grecs ont traduit ce terme par *christos*, qui en est l'équivalent. Les Hébreux décorèrent de ce titre de Messie toute intelligence supérieure, inspirée, ainsi leurs prêtres, leurs prophètes ou poètes, leurs rois mêmes. Plus tard, les esprits avaient grandi et étaient devenus plus exigeants. L'auréole de Messie ne fut plus décernée alors qu'à l'homme capable de faire faire à la société, à l'humanité un immense pas, soit de suite, soit lentement après de nombreux combats. Cet homme, on l'attendit désormais, les prophètes l'annoncèrent, le caractérisèrent dans leur langage poétique et saisissant. Il se manifesta un jour; il fut reconnu par quelques simples d'esprit et de cœur; mais les pharisiens le repoussèrent, comme ils existeront toujours pour repousser tout Messie. Malgré eux cependant, la puissance toujours vivante de Jésus subjugua la moitié du monde, pied à pied, après des siècles de lutte.

Si Napoléon ne brille encore que vaguement avec ce caractère messianique et sacré, c'est que son histoire est encore à faire : le temps qui mûrit tout expliquera sa vie couverte encore d'épaisses ténèbres. Un rayon de lumière a lui le 19 septembre 1847 ; ne le laissons point s'éteindre dans nos âmes.

Comme les paroles prononcées par M. Noisot, au moment de découvrir la statue, ont été altérées, mutilées, dans les impressions qu'on en a faites avec un goût littéraire hors de place, et qu'on a sacrifié le sens profond, juste, énergique des mots à une rhétorique de convention, que l'on a substitué enfin un cachet banal et effacé au cachet accusé et tout impérial de M. Noisot, nous nous félicitons de pouvoir donner ici ses paroles textuelles autographiées.

Dijon, ce 8 octobre 1847.

J. T.

Messieurs

J'ai besoin de vous dire quelques mots qui auront peut être leur place ici.

Rassurez-vous Messieurs, ce n'est point un Discours, c'est une Révélation qui nous a été faite depuis l'érection de ce monument, par M. Marchand, l'ami, le Serviteur personnel du grand Empereur Révélation qui honore le caractère des Bourguignons.

Vous savez Messieurs, nous savons

tous que la maladie qui a tué notre Napoléon a pris son origine sur le rocher tropical de Sainte-Hélène.

Après cinq ans d'agonie, après cinq ans de martyre un jour le Christ-moderne se sentant plus mal que de coutume... il ne se trompait pas! L'heure solennelle approchait... La vie lui échappait! Il dit à Marchand: « Console-toi, ton œil touche à sa fin tu reverras la Patrie, toi! Tu reverras la France! Hé bien crois-moi, achète une Terre en Bourgogne: c'est la Patrie des Braves, j'y suis aimé on t'aimera

Il aimait donc les Bourguignons, Messieurs puisqu'il nous adressait ses amis !... il avait Raison !...

et voyez Messieurs; un jour une circonstance un hasard, le doigt du ciel peut être! a jetté deux hommes l'un devant l'autre; l'un vieux soldat, l'autre vieil artiste, Tous deux contemporains du grand Empereur!... C'est ici, c'est à cette place même (on peut l'avouer aujourd'hui sans crainte) Bientôt nous avons parlé de lui... hé bien mon cher Rude! je suis mécontent, je suis affligé; comment, pas un Tableau pas une figure! pas un monument qui rappelle à mes yeux, mon Empereur, celui que j'ai connu!... ah Rude!... Messieurs, il fallait voir comme moi, en ce moment, l'œil étincelant du vieux sculpteur! il était heureux! Mais me dit-il avec vivacité, que voulez-vous

donc faire d'une Statue? où voulez-vous la placer? ici, la! en face des Vosges, en face du Jura! des alpes, en face de l'Italie!... à ses pieds se déroulent les champs de Bourgogne, le vaste et Brillant vallon de la Bourgogne! cette position a bien quelque valeur...
hébien reprit-il, calmez-vous mon cher Noirot, je vous ferai un Empereur!

Messieurs, le croiriez-vous, il me trompait! oui, puisqu'il est vrai que depuis plus de vingt ans il faisait ce monument (par la pensée) pour en doter La Bourgogne sa Patrie!

Ainsi Messieurs, je n'ai donc à me vanter ici que d'une chose... et je m'en contente, c'est de l'honneur insigne qu'il m'a fait de me choisir pour

abriter sa modestie – ne vous y-
trompez donc pas, Messieurs, car je
devrais décliner la part d'ovation que
vous voudriez bien m'offrir peut être !

Si je ne craignais d'abuser, je rappe-
-lerais ces paroles qui nous viennent
de Sainte hélène : „ Je désire que
„ mes cendres reposent sur les bords de la
„ Seine, au milieu de ce peuple que
„ j'ai tant aimé ! „

hommeur à la main Royale qui a
accompli le Dernier voeu de l'homme
du Destin !

La capitale peut donc revendiquer avec
Raison l'honneur de posséder son
corps.. A nous Messieurs, il nous
fait une autre part, il nous a adressé
ses amis ; mais avec eux, nous avons

aujourdhui quelque chose de plus... Nous avons sa tête de Bronze.

Jetons donc Messieurs, une fleur, jetons une feuille de chêne sur le front du vieux sculpteur, sur le front du moderne Phidias auquel nous le devons.

Il nous reste, Messieurs à remercier avec effusion, les magistrats officieux de la province, les citoyens, l'armée du gracieux empressement qu'ils ont mis à venir honorer, embellir de leur présence cette fête de village !

Nous confions ce monument à la foi publique, nous le confions à l'énergique patriotisme des Bourguignons et si un jour les ennemis de la France, les Barbares, les Vandales, osaient encore une fois tourner leurs fronts et marcher contre nous au cri de « Paris! Paris! » n'est-il pas vrai qu'en défendant la Patrie vous défendrez ce monument?

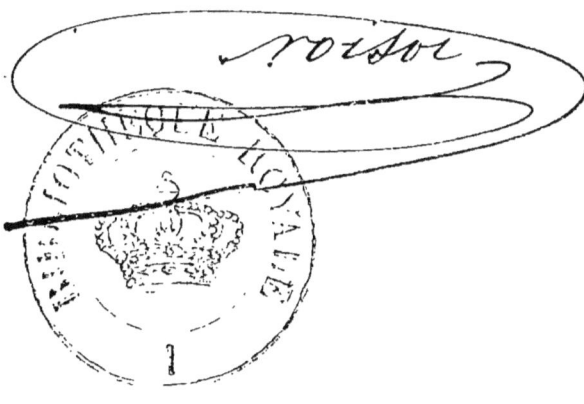

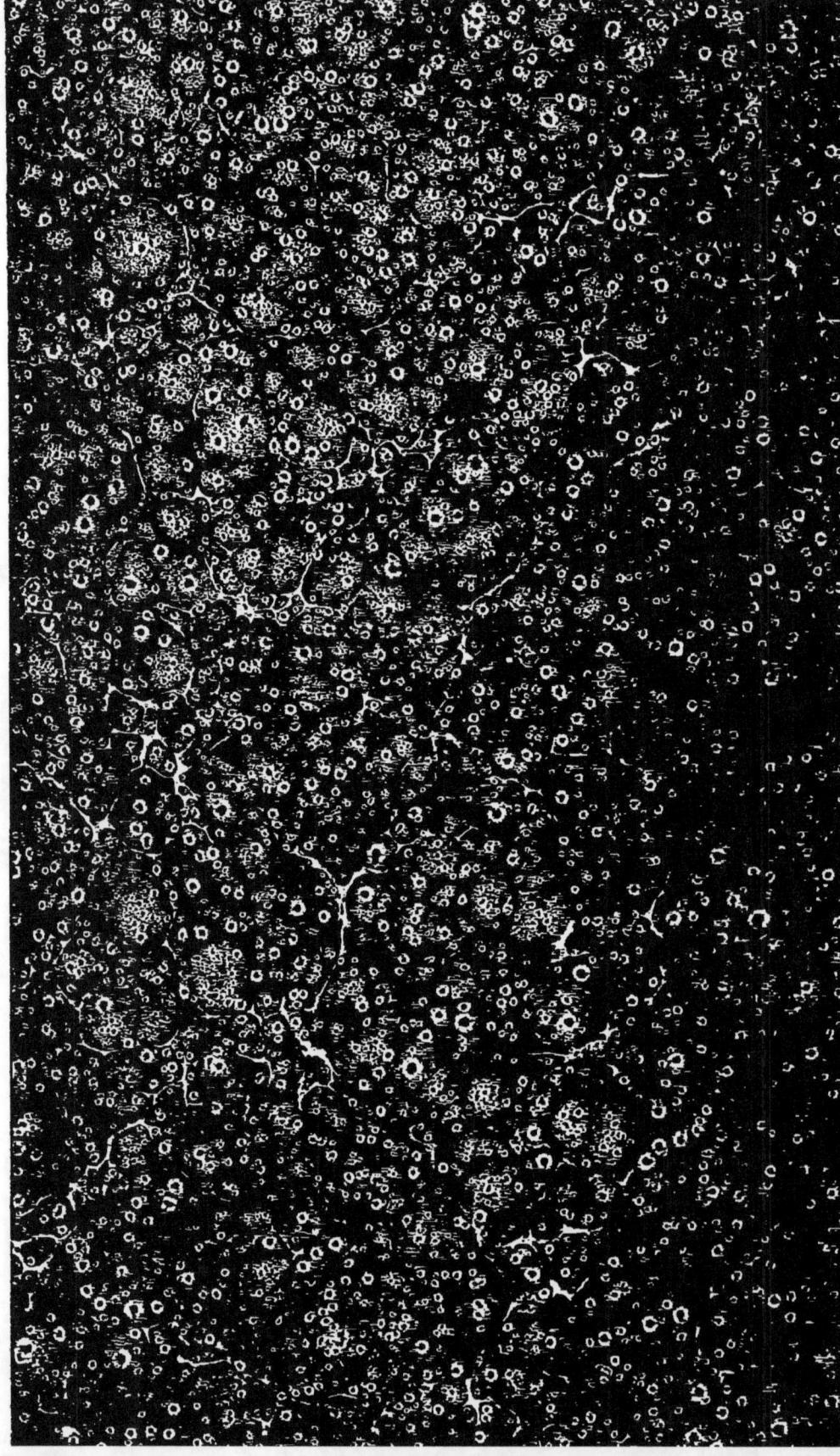

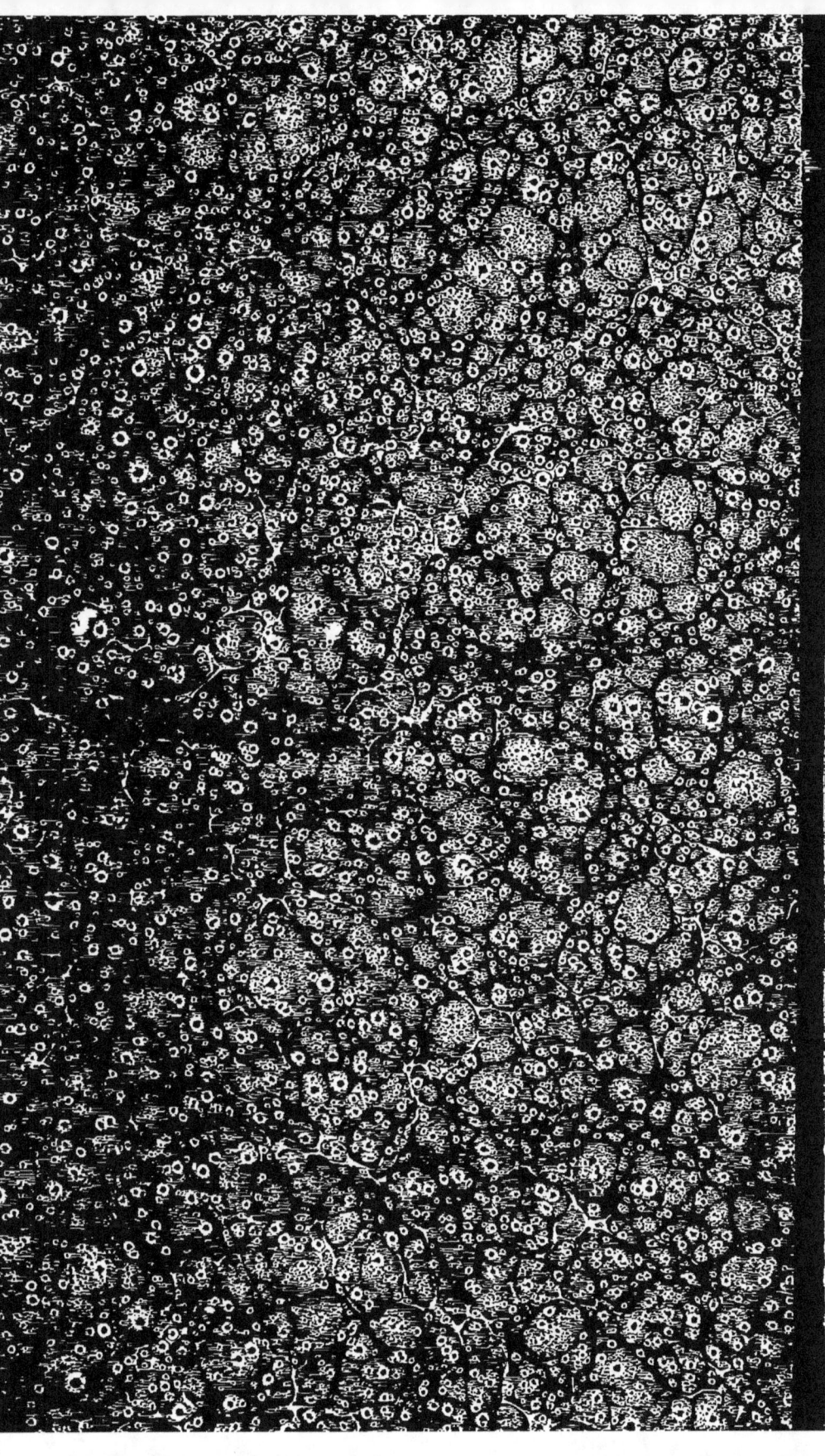

www.ingramcontent.com/pod-product-compliance
Lightning Source LLC
LaVergne TN
LVHW051459090426
835512LV00010B/2226